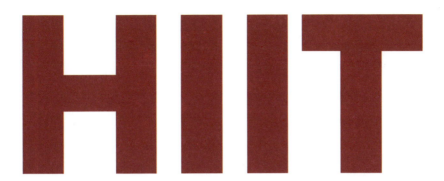

INSTITUTO PHORTE EDUCAÇÃO
PHORTE EDITORA

Diretor-Presidente
Fabio Mazzonetto

Diretora Financeira
Vânia M. V. Mazzonetto

Editor-Executivo
Fabio Mazzonetto

Diretora Administrativa
Elizabeth Toscanelli

Conselho Editorial

Educação Física
Francisco Navarro
José Irineu Gorla
Paulo Roberto de Oliveira
Reury Frank Bacurau
Roberto Simão
Sandra Matsudo

Educação
Marcos Neira
Neli Garcia

Fisioterapia
Paulo Valle

Nutrição
Vanessa Coutinho

Alexandre F. Machado

HIIT
Manual Prático

Phorte editora

São Paulo, 2016

HIIT: manual prático
Copyright © 2016 by Phorte Editora

Rua Rui Barbosa, 408
Bela Vista – São Paulo – SP
CEP 01326-010
Tel./fax: (11) 3141-1033
Site: www.phorte.com.br
E-mail: phorte@phorte.com.br

Nenhuma parte deste livro pode ser reproduzida ou transmitida de qualquer forma, sem autorização prévia por escrito da Phorte Editora Ltda.

CIP-BRASIL. CATALOGAÇÃO NA PUBLICAÇÃO
SINDICATO NACIONAL DOS EDITORES DE LIVROS, RJ

M129h

Machado, Alexandre F.
    HIIT : manual prático / Alexandre F. Machado. - 1. ed. - São Paulo : Phorte, 2016.
    124 p. : il. ; 23 cm.

    Inclui bibliografia
    ISBN 978-85-7655-608-4

    1. Educação física. 2. Esportes – Treinamento. I. Título.

16-32400   CDD: 613.7
                       CDU: 613.71

ph2420.1

Este livro foi avaliado e aprovado pelo Conselho Editorial da Phorte Editora.

Impresso no Brasil
Printed in Brazil

Aos meus filhos, Matheus, Ana Clara e Davi, que são a razão de todo o meu esforço.

À minha esposa, Ana, pela dedicação e pelo companheirismo.

AGRADECIMENTOS

A Deus, pela vida e pelas oportunidades.

Aos alunos das turmas de HIIT pelo Brasil, sem os quais não seria possível o desenvolvimento deste trabalho.

Ao amigo Felipe Medina, por participar como modelo nas fotos.

Ao amigo, professor doutor Jefferson Novaes, por ter escrito o prefácio desta obra.

O treinamento é basicamente
uma combinação de
estímulo e recuperação.

APRESENTAÇÃO

O HIIT não é uma novidade no meio esportivo, mas a sua aplicação nos últimos anos ganhou certo *glamour* no meio *fitness*, como também muita inovação, em razão das pesquisas desenvolvidas e do surgimento de equipamentos em todo o mundo. Isso me chamou muito a atenção!

No início de 2014, comecei a fazer duas coisas que, na minha opinião, são fundamentais para todo profissional, que é ir a fundo no tal do por que e no tal do como. Primeiro, comecei a devorar tudo o que se tem escrito sobre HIIT (o porquê), e, segundo, fui aplicar na prática todo esse conhecimento adquirido (o como). Foram praticamente 1 ano e 6 meses de dedicação ao HIIT, entre estudos e experimentação prática de vários protocolos existentes. E o resultado final desse trabalho é este livro.

Nesta obra, você vai ter acesso a um conteúdo extremamente prático, com modelos de treinamento para os mais diversos tipos de condicionamento para aplicar com toda a segurança em seus alunos/clientes.

Entretanto, tome cuidado, pois, muitas vezes, rejeitamos uma abordagem simples apenas por estar baseada na simplicidade, e o meu objetivo foi apresentar um conteúdo simples que possa ser aplicado imediatamente na prática. É ler e aplicar.

HIIT: manual prático é, na verdade, uma obra de quem está lidando dia a dia com o HIIT, de quem o aplica e treina com ele.

Bom treino!

Alexandre F. Machado

PREFÁCIO

Toda vez que começo, com muito prazer e orgulho, a fazer o prefácio de uma obra escrita, sinto a mesma sensação e dificuldade. Vem-me à mente uma imagem, uma arquitetura inseparável do "criador e criatura". E aí, eu me pergunto se é plausível falar da criatura sem falar do criador. Na verdade, meu entendimento é que ambos andaram *pari passu* e que a relação metodológica de causa e efeito, que evidencia os acontecimentos científicos, ocorre aqui também. Minha premissa: se isso existe e aconteceu (a obra/criatura) foi por causa de aquilo ter existido (o autor/criador), de forma propulsora e direta para tal fato.

O criador, Alexandre F. Machado, profissional competente e comprometido com a Educação Física, foi diversas vezes premiado e condecorado por suas idealizações. Para tal, buscou a todo o momento a sua qualificação acadêmica, passando pela graduação (UFRRJ), pelo mestrado (UCB/RJ) e, mais recentemente, pelo doutorado (USJT/SP).

Ao longo dos anos, vem deixando seu legado nas publicações de inúmeras obras de sua propriedade e nos editoriais de outras obras. Engajado também com a formação de outros profissionais, além de muitos anos de experiência no magistério superior, ministra palestras nos principais eventos brasileiros sobre os mais diversos assuntos na área do treinamento desportivo. Com todo esse *know-how*, agora direciona os seus olhares para uma nova tendência mercadológica da Educação Física, o HIIT, e mais uma vez edifica uma nova criatura, um Manual Prático.

A criatura, *HIIT: manual prático*, como o próprio título diz, trata-se de um livro que deve ficar às mãos daqueles que atuam no campo de intervenção das atividades físicas nas mais diferentes vertentes. Com uma linguagem acessível e bem fundamentada, tanto nas referências históricas do treinamento desportivo quanto nos mecanismos fisiológicos e metabólicos, o livro propõe modelos práticos para a prescrição do treinamento HIIT. Não obstante uma forte fundamentação metodológica, avança em mostrar as implicações do HIIT no contexto da fadiga e do emagrecimento. Finalmente, de forma objetiva, apresenta diversas estruturas práticas de treinamento, com os mais variados tipos de exercícios, materiais e formas de aplicação desses exercícios, como é o caso da pliometria. Sem dúvida, é um excelente trabalho acadêmico.

Depois de apresentar o criador e a criatura, termino este prefácio de forma semelhante à que fiz em uma criatura anterior do mesmo criador, dizendo: "a criatura, diferente do criador, deve estar presente na prateleira de nossas bibliotecas (...). Convido aqueles de bom senso que forem beber desta fonte de conhecimento para fazermos um *brinde* pela soberba escolha".

Professor doutor Jefferson da Silva Novaes
Professor adjunto da UFRJ

SUMÁRIO

CAPÍTULO UM

O treinamento de HIIT 17

1.1 O que é HIIT? 17

1.2 Princípios do treinamento 18

1.3 Mecanismo fisiológico 21

1.4 Fadiga 23

1.5 HIIT x emagrecimento 24

CAPÍTULO DOIS

Prescrição do HIIT 27

2.1 Exercícios 27

2.2 Estrutura do treinamento 58

2.3 Prescrevendo o treino 59

CAPÍTULO TRÊS

Pliometria 69

3.1 Introdução 69

3.2 Ciclo alongamento-encurtamento (CAE) 71

3.3 O treinamento pliométrico 75

CAPÍTULO QUATRO

Corda naval 97

4.1 Introdução 97

4.2 O treinamento com a corda naval 98

4.3 Pegadas 99

4.4 Postura 100

4.5 Exercícios 101

4.6 Prescrevendo o treino 114

Referências 117

O autor 121

CAPÍTULO UM

O treinamento de HIIT

1.1 O que é HIIT?

HIIT é a sigla para *High Intensity Interval Training* ou Treinamento Intervalado de Alta Intensidade. É um método de treinamento que preconiza estímulos de alta intensidade por um curto tempo de duração e com recuperações limitadas entre um estímulo e outro.

O HIIT não é um método novo, mas talvez seja nova a forma como ele está sendo entregue hoje (Bartram, 2015). Na história do treinamento desportivo, mais precisamente no período científico que vai de 1948 a 1972, é possível ver exemplos de atletas que treinaram com esse método (Kuznetsov, 1981; Manno, 1994).

Nesse período, houve dois pontos marcantes: o primeiro, a multiplicação de laboratórios de investigação científica sobre o exercício físico pelo mundo; e o segundo, a linha alemã de treinamento, que era contrária às outras linhas daquela época (Platonov e Bulatova, 1998).

Os alemães já utilizavam o treinamento intervalado, mas foram mais adiante com várias pesquisas a respeito das respostas de treinamento sobre a *performance* (Weineck, 1999; Zakharov, 1992). Os pesquisadores Gerschller, Herbert Heidel, Roskamm e Joseph Keul modificaram o treinamento intervalado, diminuindo as distâncias de estímulos, controlaram as recuperações, classificaram-nas em função do tempo de estímulo ou pela resposta da frequência cardíaca e, também, determinaram o número de estímulos ou o tempo de estímulo para esportes como corrida, natação e ciclismo (Verkhoshansky, 1996).

O resultado desses experimentos na manipulação das cargas de treinamento se tornou um marco histórico para o treinamento desportivo, pois o mundo foi testemunha dos feitos de Emil Zatopek, uns dos atletas que utilizavam o HIIT em seus treinamentos.

Desde então, os avanços em tecnologia e metodologia aplicados à *performance* humana não pararam de acontecer por todo o mundo, com novos métodos, novos equipamentos e novas propostas.

1.2 Princípios do treinamento

A palavra "metodologia" quer dizer estudo do método. Esse estudo tem por objetivo analisar as características dos modelos propostos, suas potencialidades, limitações e aplicações (Machado, 2011).

A condição física fundamenta-se em um conjunto de princípios que, juntos, funcionam como diretrizes para a perfeita prescrição do exercício. O aumento da condição física ocorre como resultado de uma série de repetidas sessões de exercícios físicos, sendo elas planejadas de acordo com os objetivos e as necessidades dos alunos/atletas (Machado, 2013).

Para que um organismo sofra modificações com o objetivo de melhorar a sua condição física, são necessários estímulos em doses corretas para um perfeito desenvolvimento (princípio da adaptação). O princípio da adaptação é regido pela lei da ação e da reação: para cada estímulo realizado pelo organismo, ele terá uma reação diferente (Zatsiorsky, 1999).

Os estímulos devem ter uma carga adequada (princípio da sobrecarga) e devem ser repetidos ao longo de uma linha temporal, respeitando a recuperação entre uma sessão e outra (princípio da continuidade). Segundo Verkhoshansky (1996), é possível classificar os estímulos como:

- *Carga ineficaz*: não gera adaptação ao treinamento.
- *Carga de desenvolvimento*: se refere àquela com capacidade de gerar adaptação orgânica.
- *Carga de manutenção*: é aquela com baixa intensidade, que gera adaptação pela continuidade do estímulo ou permite uma estabilização da condição física.
- *Carga de recuperação*: é aquela de baixa magnitude, que permite uma recuperação do organismo.

Com a continuidade de uma nova carga de trabalho (sobrecarga), o desenvolvimento da condição física irá acontecer por três ações básicas: (1) promoção do organismo em treinamento a níveis superiores de adaptação; (2) produção de energia otimizada; e (3) aumento da capacidade de metabolismo pelas vias aeróbia e anaeróbia (Platonov e Bulatova, 1998).

Na prática, o treinamento deve ter três etapas distintas, sendo elas: (1) adaptação do organismo por meio do treinamento específico; (2) recuperação adequada ao estímulo imposto; e (3) oferta de nutrientes específicos ao organismo, e em quantidades corretas para sua recuperação (Maglischo, 2010).

O princípio da continuidade está diretamente ligado ao princípio da sobrecarga (Machado, 2011). A nova carga de trabalho pode ter um efeito negativo, caso seja aplicada antes do tempo ideal de recuperação (período de supercompensação), ao invés de um efeito positivo, quando aplicada no intervalo de tempo ideal.

As variáveis da carga de treino (volume e intensidade) devem ser manipuladas de forma que possam direcionar o desenvolvimento do condicionamento de acordo com o objetivo proposto (princípio do volume x intensidade). Todo o treinamento deve respeitar as condições dos praticantes para a correta manipulação das variáveis do próprio treinamento, sendo elas: sexo, idade, nível de condicionamento, atividade física pregressa e biótipo (princípio da individualidade biológica).

A manipulação das cargas pode ocorrer de diferentes formas (ondulatória, escalonada e linear), porém, todas devem ter aumento contínuo e gradual, respeitando as condições biológicas do aluno e de acordo com os objetivos traçados para o plano de treinamento (Machado, 2011). A manipulação das variáveis de volume e intensidade deve ser planejada para permitir que o organismo possa se adaptar à carga de trabalho e, desse modo, gerar adaptação, proporcionando um aumento progressivo da condição física de acordo com os objetivos (Pereira, 2009).

Para Machado (2015), durante o treinamento, o professor deve criar desafios nos quais o aluno utilize os sistemas metabólico, musculoesquelético e cardiorrespiratório em condições de alta intensidade para gerar uma adaptação mais eficiente (princípio da especificidade aplicado ao HIIT).

O princípio da especificidade propõe adaptações fisiológicas e metabólicas específicas do gesto motor realizado sobre a intensidade realizada. Essas adaptações serão mais eficientes quando comparadas ao treinamento convencional.

1.3 Mecanismo fisiológico

O HIIT segue o princípio do condicionamento metabólico, que é conhecido pela sigla em inglês *MetCon* (Noakes et al., 2004). O trabalho com base nesse conceito aumenta a produção de energia na via metabólica anaeróbia por meio de estímulos de alta intensidade, curta duração e pausas limitadas (Pereira e Souza Jr., 2007).

Seguindo os conceitos clássicos da fisiologia, em esforços máximos de até 10 segundos de duração, predominância da via ATP-CP, esforço com duração de até 120 segundos, predominância da via glicólise anaeróbia e, posteriormente, com a manutenção do estímulo à via oxidativa. Seguindo esse conceito ao pé da letra, o HIIT deveria ter toda sua produção de energia oriunda da PCr e pela glicólise anaeróbia e sua adaptação seria basicamente para estímulos de, no máximo, 120 segundos. Contudo, com o HIIT, este conceito pode não ser verdadeiro.

Recentemente, Franchini et al. (2014) levantaram um questionamento extremamente importante sobre a contribuição da vias metabólicas durante o exercício, tendo como base os estudos de Gaitanos et al. (1993) e Bogdanis et al. (1995, 1996, 1998). Os autores sugerem um novo modelo metabólico para o HIIT, tendo como base a ressíntese do ATP por meio de um processo mais complexo do que o modelo clássico.

O experimento de Gaitanos et al. (1993) é, basicamente, o norteador para um novo modelo metabólico para a ressíntese do ATP. Ele constatou uma redução da contribuição da glicólise anaeróbia para a produção de ATP durante os *sprints* com uma maior participação da PCr e um aumento do metabolismo oxidativo.

Participaram do experimento 8 indivíduos do sexo masculino, no qual realizaram 10 *sprints* supramáximos de 6 segundos de duração, com 30 segundos de recuperação entre um *sprint* e outro. No primeiro estímulo, a PCr tinha caído 57%, e o lactato muscular, aumentado para

28,6 mmol/kg. No décimo *sprint*, não houve aumento do lactato muscular em relação ao primeiro estímulo, mas a potência do exercício caiu 73% em relação ao primeiro estímulo (Gaitanos et al., 1993).

Observou-se que, com a repetição dos estímulos, houve uma maior contribuição do sistema aeróbio durante o exercício, mesmo ele tendo recuperação passiva. Dessa maneira, obviamente que o HIIT, quando aplicado com intervalo de recuperação curto, sendo essa recuperação ativa ou passiva, irá gerar um aumento significativo no componente aeróbio do praticante.

1.3.1 Metabolismo no HIIT

Durante o treinamento de HIIT, é comum se observar uma grande liberação de lactato e suas variações nas concentrações musculares de ATP e PCr (Pereira e Souza Jr, 2007). Como o HIIT normalmente é realizado com esforço *all-out*, ou seja, esforço máximo, irá ocorrer uma queda nas concentrações de PCr (Babraj et al., 2009).

Tanto o tempo de estímulo como o tempo de recuperação têm influência direta sobre a resposta metabólica do HIIT. Recuperações entre 2 e 5 minutos serão suficientes para promover a ressíntese do ATP e conseguir restabelecer os parâmetros bem próximos aos de repouso, quando os estímulos forem inferiores a 1 minuto.

Com o prolongamento dos estímulos, ocorrerá uma queda na glicólise. Esta poderá ser observada quando os estímulos forem acumulados a partir de 5 minutos com intensidade *all-out*. Com a redução da produção de energia pela glicólise, o indivíduo é obrigado a reduzir a velocidade de execução ou a carga de trabalho. Cada sistema irá contribuir de forma diferenciada durante o exercício e será, de modo direto, dependente da duração e da quantidade de estímulos, do tempo de recuperação entre um estímulo e outro e do nível de condicionamento (Franchini et al., 2014).

Com o HIIT, o condicionamento se dá de forma mais rápida, pois a execução dos movimentos com máxima intensidade de maneira sustentada e repetida gera uma melhor resposta da força de resistência e do VO_2máx (Gibala et al., 2008).

1.4 Fadiga

É possível caracterizar a fadiga como queda no rendimento físico por incapacidade de manter os padrões de força, potência ou velocidade durante o exercício físico. Os processos metabólicos são os mais estudados sobre o desenvolvimento da fadiga (Carnevali Jr. et al., 2012).

Entre os processos metabólicos mais estudados, há: sinal excitatório dos motoneurônios, excitabilidade e transmissão neuromuscular, mecanismo excitação-contração, suprimento energético e acúmulo de catabólitos. Os dois últimos sítios de fadiga são os mais importantes para a aplicação do treinamento de HIIT.

Há três processos de ressíntese de ATP, sendo eles: a fosforilação oxidativa, glicólise e PCr. O exercício realizado com intensidades submáximas, onde há *steady-state*, produz energia a partir da fosforilação oxidativa, e o exercício realizado com intensidade máxima produz energia a partir de PCr e glicólise (Lopes et al., 2014).

Com a atividade muscular, ocorre a quebra do ATP e, consequentemente, a liberação de Pi e ADP. Com a baixa de PCr durante o exercício de alta intensidade, ocorre o aumento de Pi e ADP, que são indicadores da fadiga e ativam a glicólise. As altas concentrações de Pi inibem a liberação de Ca^{++} do retículo sarcoplasmático, o que interfere no processo de contração muscular.

Durante a glicólise, o pH ácido e a inibição da PFK são os indicadores de fadiga desta via metabólica e irão causar uma redução no processo de contração muscular. O pH muscular durante o exercício de alta intensidade cai aproximadamente de 7,0 para 6,0, e com o pH ácido, ocorre a inibição da PFK na glicólise.

Um dos mecanismos de defesa do organismo é o tamponamento, no qual o bicarbonato de sódio do meio extracelular é levado para o meio intracelular, gerando o aumento do pH e a diminuição da concentração de H^+ no músculo.

1.5 HIIT × emagrecimento

O sobrepeso e a obesidade já são considerados verdadeiros problemas de saúde pública no Brasil e em alguns países do mundo. A alimentação errada e o estilo de vida sedentário são considerados os protagonistas desses problemas de ordem pública.

Recentemente, a mídia tem explorado muito o HIIT e os praticantes de atividade física estão vendo esse método como uma solução rápida para eliminar o sobrepeso e, até mesmo, para sair da obesidade. Entretanto, até onde essa afirmativa é verdadeira? Os mecanismos que levam ao emagrecimento de forma rápida ainda não são descritos de forma precisa (Carnevalli Jr. et al., 2012).

Para Franchini et al. (2014), o excesso de consumo de oxigênio pós-treino e a inibição do apetite são os dois pontos apontados como responsáveis pelas respostas rápidas de perda de peso. Entre os experimentos mais citados na literatura, Tabata et al. (1996) compararam dois protocolos de treinamento em ciclistas e a conclusão é de que o protocolo com mais intensidade tem melhores resultados sobre o condicionamento. Em outro experimento mais recente, Gibala et al. (2012) compararam o HIIT em cicloergômetro com 5 tipos diferentes de carga de treino, sendo elas: carga (1) 12 estímulos com 30 segundos de duração e com uma intensidade de 175% do VO_2máx; carga (2) 12 estímulos com 1 minuto de duração e com uma intensidade de 100% do VO_2máx; carga

(3) 12 estímulos de 2 minutos de duração e com uma intensidade de 90% do VO$_2$máx; carga (4) 8 estímulos de 4 minutos de duração e com uma intensidade de 80% do VO$_2$máx.

Gibala et al. (2012) observaram que, quanto maior a intensidade, maior o número e a densidade das mitocôndrias e, também, há aumento de PGC-1α no músculo. O PGC-1α é responsável por estimular a oxidação dos lipídios, a conversão de fibras musculares e a redução da utilização do glicogênio muscular como substrato, o que deixa o organismo mais resistente à fadiga (Gibala et al., 2008; 2009; 2012).

Recentemente, Gibala et al. (2012) usaram a frequência cardíaca máxima para quantificar a carga de treino no experimento. Observaram os mesmos resultados sobre o organismos dos experimentos anteriores, comprovando a eficiência do HIIT sobre as alterações metabólicas, quando aplicado de forma correta.

O HIIT vem sendo muito estudado por pesquisadores de todo o mundo, ao passo que os resultados de seus experimentos são aplicados no meio *fitness* com os exercícios chamados de complexos, por exemplo, *jumping jack, meio-burpee, burpee,* entre outros, utilizando-se de cargas variadas como: 20 segundos de estímulo com 10 segundos de recuperação, totalizando 4 minutos de exercícios (Tabata et al., 1996); 20 segundos de estímulo com 10 segundos de recuperação, totalizando 9 minutos de exercícios (Babraj et al., 2009); 60 segundos de estímulo com 60 segundos de recuperação, totalizando 16 minutos de exercícios (Gibala, 2008). Na prática, os resultados não são diferentes dos obtidos pelos pesquisadores, ou seja, a resposta é rápida sobre o condicionamento e o emagrecimento.

CAPÍTULO DOIS

Prescrição do HIIT

2.1 Exercícios

A escolha dos exercícios no HIIT é fundamental para o sucesso do treinamento (Bartram, 2015; Machado, 2015). Nesse contexto, os exercícios foram separados em 4 categorias, sendo eles: de *endurance*, para *core*, para membros superiores (MMSS, na sigla em inglês) e para membros inferiores (MMII, na sigla em inglês).

Para que uma sessão de treinamento tenha um impacto geral, é aconselhável a escolha de, pelo menos, um exercício de cada categoria na mesma sessão (Machado, 2015).

2.1.1 Exemplos de exercícios de endurance

Figura 2.1 – *Jumping jack*.

Figura 2.2 – *Seal jack*.
Observação: o movimento deste exercício é semelhante ao movimento de voador.

Figura 2.3A – *Cross-country* (visão frontal): pernas com deslocamento anteroposterior e braços no plano transverso paralelo ao chão.

Figura 2.3B – *Cross-country* (visão lateral). *Vide* Figura 2.3A.

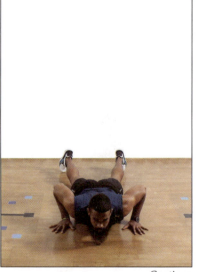

Continua

Continuação

Figura 2.4 – *Burpee*.

Figura 2.5 – *Burpee* com salto estrela: após o *burpee*, no salto, o aluno deve fazer uma rápida abdução dos MMII e MMSS.

Figura 2.6 – Escalador.

Figura 2.7 – Gafanhoto: escalador + salto com alternância de pernas.

Figura 2.8 – *Running*.
Observação: este exercício é uma espécie de corrida estacionária.

Figura 2.9A – Frankenstein (visão lateral).

Figura 2.9B – Frankenstein (visão frontal).

Continua

Continuação

Figura 2.10 – Suicídio.

2.1.2 Exemplos de exercícios para o core

Figura 2.11 – Prancha ventral.

PRESCRIÇÃO DO HIIT 35

Figura 2.12 – Prancha ventral em três apoios.

Figura 2.13 – Prancha ventral para lateral.

FIGURA 2.14 – Prancha lateral.

Continua

Continuação

FIGURA 2.15 – Prancha lateral dinâmica.

FIGURA 2.16 – *Twist*.

Figura 2.17 – Abdominal remador.

Figura 2.18 – Abdominal vela.

Figura 2.19 – Abdominal vela alternada.
Observação: como o próprio nome indica, neste exercício, deve-se alternar as pernas.

Figura 2.20 – *Pike*.

Figura 2.21 – *Pike* com abdução dos MMII.

Figura 2.22 – *Pike* diagonal.

Figura 2.23 – Abdominal *in-out* (escalador com duas pernas).

Figura 2.24 – Abdominal com *running* sentado: no chão, fazer o movimento de *running* alternado.

2.1.3 Exemplos de exercícios para os membros superiores (MMSS)

Figura 2.25 – Apoio de frente sobre o solo (visões frontal e lateral).

Figura 2.26 – Apoio de frente sobre o solo com *jump*.

Continua

Continuação

Figura 2.27 – Apoio de frente sobre o solo com deslocamento lateral.

Continua

Continuação

FIGURA 2.28 – Mergulho.

Continua

PRESCRIÇÃO DO HIIT 47

Continuação

Figura 2.29 – Apoio de frente + escalador (combinado em que se faz um exercício e, depois, o outro).

Figura 2.30 – Caranguejo.

Figura 2.31 – *Meio-burpee*.

Figura 2.32 – Flexão homem-aranha.

Figura 2.33 – Extensão de braços a partir da prancha ventral.

2.1.4 Exemplos de exercícios para os membros inferiores (MMII)

Figura 2.34 – Agachamento.

Continua

PRESCRIÇÃO DO HIIT   53

Continuação

Figura 2.35 – Agachamento com *jump*.

Figura 2.36 – Salto unipodal com deslocamento lateral.

Figura 2.37 – *Skater jump*.

Figura 2.38 – Afundo.

Figura 2.39 – Afundo com *jump*.
Observação: pode ser feito com alternância de pernas.

Figura 2.40 – Agachamento LIFT.

2.2 Estrutura do treinamento

A estrutura do treinamento dividi-se em três partes, sendo elas: aquecimento, treino e volta à calma. O principal objetivo da estrutura da sessão é a otimização dos resultados, minimizando os riscos de lesões e de sobrecarga sobre o praticante (Bunn, 1987).

O aquecimento é dividido em duas partes: a primeira é chamada de aquecimento básico, atua sobre as articulações e tem por objetivo ativar os ligamentos para otimizar a resposta da estabilidade/mobilidade; e a segunda, chamada de aquecimento específico, atua direto nos músculos, com estresse próximo ao treino propriamente dito (Boyle, 2015).

Para o aquecimento básico, sugere-se o modelo proposto por Boyle (2015), que realiza um exercício para cada articulação, em função da ação principal da articulação: exercício de mobilidade para a articulação do tornozelo; exercício de estabilidade para a articulação do joelho; exercício de mobilidade para a articulação do quadril; exercício de estabilidade para a articulação lombar; exercício de mobilidade para a articulação torácica; exercício de estabilidade para a articulação escapular; exercício de mobilidade para a articulação glenoumeral e exercício de estabilidade para a articulação cervical.

A seguir, um exemplo de rotina de aquecimento:

Aquecimento básico:

1 - *Running* – 3 × 30 segundos

2 - Avião – 4 × 15 segundos

3 - Frankenstein – 3 × 30 segundos

4 - Avanço – 2 × 10 repetições

5 - Prancha em decúbito ventral – 3 × 30 segundos

6 - Apoio de frente sobre o solo – 2 × 6 repetições

Aquecimento específico:

7 - Agachamento paralelo – 2 × 8 repetições

8 - *Running* – 2 × 20 segundos

9 - Agachamento com *jump* – 2 × 6 repetições

10 - *Skater jump* – 2 × 6 repetições

O aquecimento básico também tem como função o aumento da temperatura corporal interna, o aumento da eficiência motora, a diminuição da resistência vascular periférica e o aumento do metabolismo (Dick, 1993).

Com o aumento de apenas 1 °C na temperatura do músculo, ocorre um aumento da potência da contração em aproximadamente 4% (Farley, 1997).

Na volta à calma, a indicação são os exercícios de alongamento com atenção para a intensidade, pois o ideal é que sejam usadas amplitudes até o ponto de leve desconforto, sem nenhuma ajuda externa durante os exercícios (Machado, 2011). Um outro ponto muito indicado é a utilização da liberação miofascial após os treinos.

Na parte principal ou treino propriamente dito, você irá prescrever os exercícios usando a metodologia HIIT. É importante ressaltar que aqui é onde a competência do treinador vai ser o diferencial competitivo. Uma vez que cada aluno tem um perfil, quando se usa o HIIT, é necessário saber prescrever os exercícios mais indicados, como relação da carga tempo de execução *versus* recuperação – esforço × recuperação (E:R) –, para obter um melhor resultado (Machado, 2015).

2.3 Prescrevendo o treino

O programa de treinamento deve ser realizado respeitando sempre o princípio da individualidade biológica, dos exercícios mais simples para os mais complexos (Gil e Novaes, 2014). O segredo de uma prescrição eficiente e segura no treino de HIIT envolve, basicamente, dois pontos: a escolha dos exercícios e a escolha da carga de tempo.

Com relação à escolha dos exercícios, o segredo é saber por quais exercícios optar para gerar um impacto mais eficiente nos alunos. Para os iniciantes, são aconselhados exercícios que tenham execução mais simples e, para intermediários e avançados, exercícios de execução mais complexa.

Exemplo:

Exercícios de execução simples: agachamento (e variações estáticas), polichinelo, abdominal e prancha estática.

Exercícios de execução complexa: avanço, agachamento com *jump*, *burpee* e sugado.

Já para a carga de tempo, para os alunos iniciantes, recomenda-se o uso de cargas nas quais o tempo de estímulos seja menor que o tempo de recuperação, permitindo, dessa forma, uma melhor recuperação sobre o estímulo. A relação de carga deve ser 1:2 (o tempo de recuperação é duas vezes o tempo de estímulo) ou 1:3 (o tempo de recuperação é três vezes o tempo de estímulo). Para os intermediários, a relação da carga deve ser de 1:1 (o tempo de recuperação é igual ao tempo de estímulo). Finalmente, para os avançados, o tempo de recuperação deve ser inferior ao tempo de estímulo, por exemplo, 1: ½ , 1: ⅓ ou 1: ¼ , o que, na prática, seria 1 minuto de estímulo e 20 segundos de recuperação (1: ⅓), 30 segundos de estímulo e 15 segundos de recuperação (1: ½) e 1 minuto de estímulo e 15 segundos de recuperação (1: ¼). Veja Tabela 2.1.

Tabela 2.1 – Modelos de cargas de HIIT

Exercício	Duração do estímulo	Tempo de recuperação	E:R	Característica
Simples	1 min	1 min	1:1	Fadigante
Complexo	20 s	10 s	1: ½	Intenso
Simples--complexo	30 s	30 s	1:1	Intenso/fadigante
Simples	1 min	30 s	1: ½	Intenso
Complexo	30 s	15 s	1: ½	Intenso

Trabalhando com o peso corporal, se a prioridade é um treino fadigante, *maior* deve ser o tempo de estímulo, e se a prioridade do treino é ser intenso, *menor* o tempo de estímulo (Cotter, 2015; Machado, 2015). Os treinos intensos são mais indicados para os exercícios de MMSS e MMII, e os treinos fadigantes, para *core* e *endurance*.

Uma dica! Quando for fazer a progressão da carga de tempo, aumente primeiro o tempo de estímulo, pois vai gerar menor sobrecarga do que diminuir o tempo de recuperação.

Alguns pesquisadores desenvolveram métodos de quantificação do treino de HIIT. Entre esses pesquisadores, há: Tabata, Gibala, Timmons e Peter Coe (ver Tabela 2.2).

Tabela 2.2 – Protocolos de HIIT mais utilizados

Protocolo	Tempo de estímulo	Tempo de recuperação	Volume total
Tabata	20 segundos	10 segundos	4 minutos
Timmons	20 segundos	10 segundos	9 minutos
Gibala*	60 segundos	60 segundos	16 a 24 minutos
Peter Coe	200 metros	30 segundos	15 a 30 tiros

(*) Frequência na semana é de 3 vezes. Todos os protocolos utilizam a recuperação passiva.

Os desafios são elaborados de acordo com o objetivo e a necessidade do aluno/atleta. Para exercícios de fácil execução, é aconselhável um padrão de carga de tempo maior para gerar um maior impacto fisiológico. A execução do desafio pode ser feita da forma convencional, sendo todas as séries de cada exercício por vez, ou no formato circuito, no qual o aluno/atleta realiza uma série de cada exercício até que todos eles sejam executados e, depois, começa todo o processo novamente, até finalizar o número de séries.

A seguir, alguns exemplos de desafios de HIIT:

Desafio 1: para um iniciante, somente exercícios simples, em 30 minutos de treinamento, sendo 20 séries (4 para cada exercício) de 30 segundos de estímulos e 1 minuto de recuperação passiva (ver Tabela 2.3).

Tabela 2.3 – Desafio indicado para aqueles que estão começando o programa de HIIT

Exercício	Tempo de estímulo	Tempo de recuperação
Jumping jack	30 s	1 min
Escalador	30 s	1 min
Running	30 s	1 min
Prancha ventral	30 s	1 min
Abdominal FCT*	30 s	1 min

(*) FCT – flexão curta de tronco.

Desafio 2: para um iniciante, somente exercícios simples, em 30 minutos de treinamento, sendo 15 séries (3 para cada exercício) de 45 segundos de estímulos e 1 minuto e 15 segundos de recuperação passiva (ver Tabela 2.4).

Tabela 2.4 – Desafio para o aluno/atleta que já tenha alguma experiência motora e condicionamento com o HIIT (nível iniciante)

Exercício	Tempo de estímulo	Tempo de recuperação
Jumping jack	45 s	1min15s
Cross-country	45 s	1min15s
Abdominal remador	45 s	1min15s
Agachamento	45 s	1min15s
Apoio de frente sobre o solo	45 s	1min15s

Desafio 3: para um aluno/atleta intermediário, aqui há um combinado de exercícios simples e complexos, em 30 minutos de treinamento, sendo 30 séries (6 para cada exercício) de 30 segundos de estímulos e 30 segundos de recuperação passiva (ver Tabela 2.5).

Tabela 2.5 – Desafio para o aluno/atleta que já tenha alguma experiência motora e condicionamento com o HIIT (nível intermediário)

Exercício	Tempo de estímulo	Tempo de recuperação
Jumping jack	30 s	30 s
Sugado*	30 s	30 s
Abdominal *in-out*	30 s	30 s
Agachamento com *jump**	30 s	30 s
Frankenstein	30 s	30 s

(*) Exercícios complexos.

Desafio 4: para um aluno/atleta intermediário, aqui há mais exercícios complexos do que simples, em 30 minutos de treinamento, sendo 15 séries (3 para cada exercício) de 1 minuto de estímulos e 1 minuto de recuperação passiva (ver Tabela 2.6).

Tabela 2.6 – Desafio para o aluno/atleta que já tenha alguma experiência motora e condicionamento com o HIIT (nível intermediário)

Exercício	Tempo de estímulo	Tempo de recuperação
*Burpee**	1 min	1 min
Abdominal vela	1 min	1 min
Afundo com *jump**	1 min	1 min
Running	1 min	1 min
½ *burpee**	1 min	1 min

(*) Exercícios complexos.

Desafio 5: para um aluno/atleta avançado, aqui existem somente exercícios complexos, em 26 minutos de treinamento, sendo 16 séries (4 séries para cada exercício) de 45 segundos de estímulos e 30 segundos de recuperação passiva (ver Tabela 2.7).

Tabela 2.7 – Desafio para o aluno/atleta que já tenha alguma experiência motora e condicionamento com o HIIT (nível avançado)

Exercício	Tempo de estímulo	Tempo de recuperação
Burpee	45 s	30 s
Twist	45 s	30 s
Apoio de frente sobre o solo com *jump*	45 s	30 s
Caranguejo	45 s	30 s

Desafio 6: para o aluno/atleta avançado, aqui existem somente exercícios complexos, em 15 minutos de treinamento, sendo 20 séries (4 séries para cada exercício) de 30 segundos de estímulos e 15 segundos de recuperação passiva (ver Tabela 2.8).

Tabela 2.8 – Desafio para o aluno/atleta que já tenha alguma experiência motora e condicionamento com o HIIT (nível avançado)

Exercício	Tempo de estímulo	Tempo de recuperação
Burpee	30 s	15 s
Abdominal vela alternada	30 s	15 s
Afundo com avanço / *jump*	30 s	15 s
Flexão homem-aranha	30 s	15 s
Salto com deslocamento lateral	30 s	15 s

Para os desafios de HIIT ficarem mais desafiadores e motivantes, basta inserir alguns equipamentos, como corda naval, *box* para pliometria, *kettlebell*, barra longa entre outros. Porém é recomendável a inclusão de equipamentos para indivíduos mais condicionados e que já tenham uma *expertise* na execução dos movimentos (Machado, 2015; Boyle, 2015; Cotter, 2015).

Para desafios com os equipamentos, irá se adotar um desafio intenso, isto é, pouco tempo de estímulo e pouco tempo de recuperação. Os exemplos de carga de tempo estão na Tabela 2.9.

Tabela 2.9 – Exemplos de carga de tempo para HIIT com equipamentos

Tempo de estímulo (segundos)	Tempo de recuperação (segundos)	Tempo total (minutos)
20	10	4
30	15	9
30	30	10
40	20	10
45	15	10

A seguir, alguns modelos de treinos com poucos equipamentos, mas extremamente eficientes, o que é chamado de *cross training*. O *cross training* é um programa de treinamento que trabalha força e resistência ao mesmo tempo e proporciona uma grande adaptação metabólica, podendo ser praticado por qualquer pessoa.

Aqui, a proposta é distribuir os treinos seguindo o *cross training*, mas utilizando a carga de tempo do HIIT para gerar maior impacto metabólico no organismo.

Os exercícios podem ser executados no formato circuito ou no formato de execução exercício a exercício. A descrição de alguns desses exercícios já foi feita e a de outros será apresentada nos Capítulos 3 e 4.

Não se pretende apresentar modelos definitivos, tampouco únicos, mas, sim, com base nesses modelos, fazer que os treinos possam ter um direcionamento de acordo com os objetivos, com as necessidades e com as limitações de cada indivíduo, considerando-se os recursos materiais disponíveis.

Modelo 1:

1 - *Squat jump*

2 - Corda naval em pé – onda pequena alternada

3 - *Burpee*

4 - *Kettlebell* – *clean* com arranque duplo

Modelo 2:

1 - *Counter jump*

2 - *Kettlebell* – *snatch* duplo

3 - Corda naval em pé – onda grande dupla

4 - Flexão de braços com *jump*

Modelo 3:

1 - *Kettlebell - clean* com pressão vertical

2 - *Drop jump*

3 - Corda naval em pé – *twist*

4 - Afundo com *jump* alternado

Modelo 4:

1 - *Kettlebell – clean* e *jerk*

2 - Corda naval em pé – onda lateral dupla

3 - Salto em distância com progressão

4 - Frankenstein

CAPÍTULO TRÊS

Pliometria

3.1 Introdução

Pliometria é um método de treinamento que foi utilizado na antiga União Soviética a partir da década de 1920, mas de forma muito empírica. Foi na década de 1960 que um saltador soviético, chamado Valery Brummel, chamou a atenção do mundo por seus resultados. Brummel bateu o recorde mundial do salto em altura por seis vezes, de 1961 até 1963 (de 2,23 m a 2,28 m), e, nos jogos olímpicos de 1964, arrebatou a medalha de ouro.

Em 1967, surgiram os primeiros experimentos realizados por Verkhoshansky sobre o treinamento pliométrico, mas foi Zatsiorsky que, em 1960, utilizou pela primeira vez o termo pliometria para descrever o treinamento que utiliza a ação muscular a partir de movimentos rápidos, a fim de otimizar a *performance*, e que hoje é utilizado em todo o mundo (Verkhoshansky, 1998).

Seu mecanismo de ação explora o ciclo alongamento-encurtamento (CAE), que se utiliza de uma sequência de contrações musculares nesta ordem: excêntrica, isométrica e concêntrica (Adams, 1992).

O CAE gera um comportamento de mola no músculo, que se contrai e libera a força acumulada durante o processo. É uma importante ferramenta para o desenvolvimento da potência pelo aumento da força reativa do músculo (Albert, 2002).

Resumindo, a pliometria é um método de treinamento que se utiliza dos saltos ou de ações musculares que gerem o mesmo mecanismo contrátil no desenvolvimento de uma reação oposta à ação específica, gerando, assim, um movimento com mais potência e um aproveitamento melhor da energia produzida.

Já faz algum tempo que a pliometria deixou de ser um método de treinamento exclusivo de atletas de alto rendimento. Hoje se observam treinos pliométricos em academias, estúdios e, até mesmo, em atividades ao ar livre.

O exemplo mais simples de exercício pliométrico é o salto em profundidade, no qual o indivíduo salta de um banco e, ao tocar o solo, ocorre uma contração excêntrica que aciona o fuso muscular, liberando o reflexo miotático, cuja função é fazer uma contração imediata em sentido contrário para impedir uma ação brusca sobre o músculo.

Com o reflexo miotático, a contração excêntrica tem a fase de alongamento do músculo reduzida, mas é suficiente para que os componentes elásticos do músculo armazenem energia elástica e a utilizem na contração concêntrica. Entretanto, para que esse fenômeno aconteça, a transição entre contração excêntrica e concêntrica deve ser imediata para evitar que a força elástica seja dissipada na forma de calor.

Contudo, fica uma grande pergunta: "Qualquer pessoa pode fazer treinos pliométricos?". E a resposta é: "SIM!".

O importante é entender a necessidade do indivíduo para prescrever um treino pliométrico que seja adequado ao seu objetivo e respeite suas limitações motoras. Entretanto, aqui recomenda-se que a pliometria não seja indicada para alunos iniciantes.

De forma geral, o uso da pliometria é extremamente eficaz quando se aplica o método da forma correta, e não simplesmente por modismo.

3.2 Ciclo alongamento-encurtamento (CAE)

O músculo é composto por dois tipos de tecidos: o tecido muscular com características contráteis e o tecido conjuntivo, que tem característica estrutural. O ciclo alongamento-encurtamento (CAE) é utilizado em várias ações motoras, sendo um mecanismo fisiológico que aumenta a força motora em movimentos que se utilizem de contrações excêntricas, seguidas imediatamente de concêntricas (Ugrinowitsc e Barbanti, 1998).

O processo contrátil é composto pelo complexo actina-miosina. O potencial elástico gerado a partir dos elementos elásticos em série é composto por três fases:

1ª – Energia elástica acumulada a partir das ações excêntricas, potencializando as ações concêntricas quando em sequência.

2ª – Padrão de recrutamento das unidades motoras durante as ações musculares.

3ª – Reflexo miotático estimulado a partir da ativação das estruturas proprioceptivas no estiramento (Ugrinowitsc e Barbanti, 1998).

Na prática, a capacidade de armazenar e liberar energia elástica otimiza significativamente a *performance* sem gasto significativo de energia. Durante as contrações isométricas e concêntricas, o trabalho realizado pelo músculo soma-se com a energia elástica oriunda da contração excêntrica (CAE), o que vai possibilitar um trabalho com maior potência e eficiência mecânica (Rassier et al., 2003).

O treinamento a partir do CAE possibilita uma melhora da aptidão muscular geral, em razão da energia armazenada nos elementos elásticos em série (Figura 3.1). A pliometria tem sido o método de treinamento utilizado que utiliza este mecanismo fisiológico (Kronbauer e Castro, 2013). Para um melhor desenvolvimento da *performance*, recomenda-se que os treinos sejam curtos e intensos (*all-out*) para manter um alto padrão de ativação das unidades motoras (UM) e o tempo de recuperação entre os estímulos deve ser de 1 a 3 minutos.

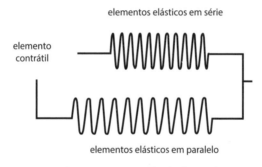

Figura 3.1 – Componentes da estrutura muscular (Hill, 1950).

Existem dois tipos de CAE que refletem em duas realidades de treinamento para otimizar a *performance*. Há o *CAE curto*, que é quando o corpo vem de um movimento dinâmico repetitivo, o qual potencializa a energia acumulada para gerar melhor *performance*. Um exemplo é a corrida de impulsão no salto em distância e/ou salto em altura.

Já no *CAE longo*, o corpo vem de um movimento que utiliza a contração excêntrica para potencializar o acúmulo de energia por meio de uma passagem rápida e potente de uma ação excêntrica para concêntrica e, desse modo, gerar força rápida mais eficientemente. Um exemplo é o salto partindo de um banco ou de uma superfície mais alta para uma mais baixa e realizando outro salto imediatamente depois.

No CAE longo, há três tipos de saltos de forma geral, sendo eles: *squat jump* (Figura 3.2), *counter movement jump* (Figura 3.3) e *drop jump* (Figura 3.4).

FIGURA 3.2 – *Squat jump*: salto vertical que parte de uma posição estática, de semiagachamento. Não existe fase excêntrica durante este salto.

Figura 3.3 – *Counter movement jump*: de pé, o indivíduo realiza um agachamento completo (fase excêntrica) e, na sequência, a contração concêntrica. Na transição da fase excêntrica para a concêntrica, é gerada uma tensão, produzindo força pelos componentes elásticos em série.

Observação: ambos os saltos, *squat* e *counter movement*, podem ser realizados com ou sem o *box*.

Figura 3.4 – *Drop jump*: o indivíduo se posiciona em um banco ou plataforma num plano superior ao piso, entra em queda e, após o contato com o solo, salta. Este salto gera altos níveis de tensão e um tempo de contato com o solo bem reduzido possibilita um melhor aproveitamento do CAE para a *performance*.

3.3 O treinamento pliométrico

Para que o treinamento pliométrico possa gerar resultados eficazes, é necessário que a sessão de treino tenha: grande velocidade e intensidade nas contrações, pequena amplitude de movimento e pouco tempo de transição entre as contrações excêntricas e concêntricas.

Ao estimular os músculos a partir de um estresse mecânico, os impulsos aferentes enviam sinais sobre a tensão para o sistema nervoso central (SNC). Quando a resistência é maior que a força, o SNC aumenta a potência do impulso efetor, potencializando a contração, gerando mais força na contração muscular e, consequentemente, mais força no movimento (Verkhoshansky, 1998).

Para um bom desenvolvimento do treinamento pliométrico, é necessário seguir algumas orientações quanto à seleção dos exercícios, volume e frequência, de acordo com os objetivos e as necessidades do praticante.

3.3.1 Seleção dos exercícios

Os exercícios são separados em *exercícios pliométricos para membros inferiores (PMi)* e *exercícios pliométricos para membros superiores (PMs)*. Também são divididos em exercícios de *baixa intensidade* e de *alta intensidade*.

Exemplos de exercícios de baixa intensidade: *skipping*, pular corda, salto no lugar, lançamento de *medicine ball* (2 kg a 4 kg), exercícios sobre a cama elástica, salto no plinto, combinação de saltos no lugar com multidireções e saltos em zigue-zague.

Exemplos de exercícios de alta intensidade: salto triplo, salto em distância progressiva, saltos com obstáculos a partir de 35 cm, lançamentos de *medicine ball* (a partir de 5 kg), combinação de multissaltos com uma perna ou ambas, salto em profundidade, salto em profundidade com rebote e salto em profundidade com carga.

A seleção dos exercícios deve obedecer a uma regra básica, a do menos intenso para o mais intenso (Figura 3.5).

Figura 3.5 – Exemplo de progressão de saltos pelo nível de intensidade, do menos intenso para o mais intenso.

Na prática, o que se deve e como se deve prescrever leva em consideração o grau de complexidade de acordo com o nível técnico do aluno/atleta.

Exemplo:

Para iniciante – *box squat* (agachamento com banquinho)
Para intermediário – saltos com rebote
Para avançado – saltos em profundidade

3.3.2 Carga de treino

Levando em consideração que as sessões pliométricas são intensas, as variáveis para manipulação são: *volume, frequência* e *tempo de recuperação*.

O *volume* é caracterizado pelo número de saltos realizados na sessão de treino. Recomenda-se, para um maior número de séries, uma menor quantidade de saltos; e para um menor número de séries, uma maior quantidade de saltos. Para iniciantes, recomenda-se até 80 saltos; aos intermediários, até 100 saltos; e, aos avançados, de 120 a 140 saltos.

Para as sessões com lastros (pesos), recomenda-se diminuir o número de saltos em, pelo menos, 50% em cada série.

O tempo de *recuperação* entre os estímulos, no caso de estímulos de alta intensidade, é de 5 a 8 minutos; no caso de intensidade moderada, de 3 a 5 minutos, e, no caso de baixa intensidade, de 2 a 3 minutos. É importante dizer que, entre um salto e outro, o indivíduo pode levar até 10 segundos para executá-lo. Entre uma sessão e outra, recomenda-se um intervalo mínimo de 48 horas, podendo chegar até 72 horas para os treinos mais intensos.

A *frequência* recomendada é de duas vezes na semana para iniciantes e, para a manutenção e o desenvolvimento da potência em indivíduos intermediários e avançados, a frequência recomendada é de três a quatro vezes.

Importante!

Caso você treine musculação ou faça outro esporte que requer alta intensidade, lembre-se de uma regra básica: no dia em que treinar intensamente os membros superiores, faça a pliometria para membros inferiores. A mesma regra se aplica ao contrário.

Caso você seja um corredor, não treine pliometria no dia do seu treino de ritmo, que é um treino com maior imposição de velocidade e, geralmente, tem a metade da distância da prova-alvo.

A seguir, a Tabela 3.1 apresenta um exemplo de sessões de treinos com diferentes graus de intensidade para iniciantes, intermediários e avançados.

Tabela 3.1 – Modelo de treinamento pliométrico para iniciantes, intermediários e avançados

	Exercício	Intensidade	Número de séries/saltos	Tempo de recuperação
Iniciante	*Skipping*	Moderada	4 x 20	2 minutos
Iniciante	Salto no lugar	Moderada	8 x 10	5 minutos
Iniciante	Saltos em multidireções	Máxima	16 x 5	5 minutos
Intermediário	Multissaltos com uma perna	Moderada	5 x 20	5 minutos
Intermediário	Lançamento de *medicine ball*	Máxima	10 x 10	8 minutos
Intermediário	Salto em distância progressiva	Máxima	20 x 5	5 minutos
Avançado	Saltos com obstáculos	Moderada	8 x 10	3 minutos
Avançado	Salto em profundidade com rebote	Máxima	12 x 10	5 minutos
Avançado	Salto em profundidade com carga	Máxima	20 x 7	8 minutos

3.3.3 Método cubano

Após a popularização do treinamento pliométrico, muitos países o adotaram, entre eles, Cuba, por sua proximidade com a antiga União Soviética. Os cubanos desenvolveram um método de progressão muito eficiente para o treinamento pliométrico, que é dividido em três diferentes níveis de treinamento. Em cada um dos três níveis, há objetivos, sobrecargas e exercícios distintos para um pleno desenvolvimento da potência.

Nível 0: aprendizagem

Neste nível, o objetivo é a aprendizagem do salto em suas diferentes formas. Em Cuba, é direcionado para os jovens que ainda não se especializaram em nenhum esporte, os quais têm seu primeiro contato com a pliometria por meio de pequenos saltos com uma ou ambas as pernas e em diferentes direções, para desenvolver coordenação e equilíbrio.

É possível utilizar este nível para desenvolver a coordenação e a mecânica do salto em nossos alunos. Esta fase deve ter um período mínimo de 1 mês e o aluno só deve passar para o próximo nível após a efetiva aprendizagem do salto.

Nível 1: desenvolvimento

Neste nível, o treinamento passa a ser sistematizado, a frequência na semana é de duas a três sessões e o volume de saltos é de 80 a 100 saltos por sessão. É indicado para os jovens atletas que já têm força desenvolvida pela especificidade da modalidade esportiva, mas baixo nível de potência.

De maneira geral, nesta fase é possível incluir os saltos com maior complexidade e trabalhar com menor número de séries e maior número de saltos por série.

Nível 2: aperfeiçoamento

Aqui, os saltos passam a ter maior sobrecarga. São incluídos lastros, obstáculos e saltos em profundidade, que são mais intensos nesta etapa do treinamento, e os alunos/atletas também passam a ter menor tempo de contato com o solo entre um salto e outro. Neste nível, a escolha dos exercícios é fundamental para o melhor desenvolvimento da potência e a técnica de execução dos saltos deve ser perfeita.

Em um treinamento para não atletas não é indicado o uso de sobrecargas com peso, mas é possível explorar bem os saltos em profundidade com rebote e aumentar a altura dos obstáculos.

É importante ressaltar que todos os saltos nos níveis 1 e 2 devem ser realizados em alta intensidade, sem perder a qualidade técnica de execução de cada salto.

3.3.4 Prescrição do programa de pliometria

Uma regra simples para uma prescrição segura é organizar a sessão de pliometria com base no número total de saltos da sessão. Você deverá dividir a sessão em dois tipos de saltos: os com intensidade moderada e os com alta intensidade, distribuindo-os conforme a Tabela 3.2.

Tabela 3.2 – Percentual do número de saltos na sessão em função do nível de condicionamento do aluno/atleta

Perfil	Intensidade moderada	Intensidade alta
Iniciantes	70%	30%
Intermediários	60%	40%
Avançados	50%	50%

Com base na Tabela 3.1, segue um exemplo:

Aluno intermediário – sessão de 120 saltos
Número de saltos com intensidade alta = 48
Número de saltos com intensidade moderada = 72

Exemplos de exercícios de saltos

O aquecimento é um ponto que não se pode negligenciar no treinamento pliométrico. Recomenda-se que sejam executados exercícios de mobilidade, de estabilidade e alongamentos dinâmicos. Para o exercícios com *medicine ball*, recomenda-se um aquecimento com bola com, pelo menos, 50% da carga de trabalho.

FIGURA 3.6 – *Skipping*.

Figura 3.7 – Salto no lugar.

Figura 3.8 - Lançamento de *medicine ball* por cima da cabeça.

FIGURA 3.9 - Lançamento de *medicine ball* na altura do tronco.

Figura 3.10 – Lançamento de *medicine ball* para o chão.

Figura 3.11 – Lançamento de *medicine ball* com rotação de tronco.

Figura 3.12 – Saltos com elevação dos joelhos.

Figura 3.13 – Saltos em multidireções: após ficar na posição unipodal, o aluno/atleta irá saltar em direções variadas, para a frente, para os lados e/ou para trás.

Continua

Continuação

Figura 3.14 – Saltos em zigue-zague.

Figura 3.15 – Salto em distância progressiva.

Continua

Continuação

Figura 3.16 – Saltos com obstáculos.

Figura 3.17 – Multissaltos com uma perna.

Figura 3.18 – Salto em profundidade.

Figura 3.19 – Salto em profundidade com rebote.

Figura 3.20 – Salto em profundidade com carga.

Figura 3.21 – Flexão de braços com *jump*.

Exemplos de exercícios com respectivas sugestões de séries

Exercício 1 – Multissaltos com uma perna =

    6 séries × 8 saltos / 4 saltos cada perna (total de 48 saltos).

Exercício 2 – Saltos com obstáculos =

    4 séries × 6 saltos (total de 24 saltos).

Exercício 3 – Salto em distância progressiva =

    6 séries × 5 saltos (total de 30 saltos).

Exercício 4 – Lançamento de *medicine ball* =

    3 séries × 6 saltos (total de 18 saltos).

CAPÍTULO QUATRO

Corda naval

4.1 Introdução

Nos últimos anos, o treinamento com a corda naval ganhou espaço no Brasil. É verdade que a corda naval tem vantagens e desvantagens, mas o simples fato de o treinamento com ela poder trazer benefícios para diferentes perfis de praticantes com objetivos distintos, e, ainda, com um índice de lesão muito pequeno, quando comparado ao treinamento convencional, já justifica o seu uso no dia a dia durante o treinamento.

Os treinos são sempre intensos, com curta duração, e o gasto calórico é de até 500 calorias em apenas 30 minutos de treino. É um treinamento que atua diretamente nos membros superiores, no *core* e, também, ajuda a desenvolver a potência do corpo como um todo, pois otimiza o ciclo alongamento-encurtamento (CAE). A coordenação e o equilíbrio também são desenvolvidos com a corda naval (Tjonna et al., 2013).

4.2 O treinamento com a corda naval

Esta ferramenta pode ser utilizada para otimizar a *performance* de atletas de alto nível como também por indivíduos que desejam condicionamento e saúde. Os exercícios sem impacto, porém, com intensidade alta, são realizados em forma de ondas, dos mais variados tipos e intensidades, proporcionando um ciclo de contração rápida na musculatura solicitada ao mesmo tempo que outros músculos atuam como estabilizadores das articulações envolvidas para sustentar o movimento. A carga está na extremidade e os músculos do centro têm como função aumentar a estabilidade para manter o exercício. Dessa maneira, a coordenação intramuscular e intermuscular é otimizada, de forma que os músculos envolvidos possam gerar mais velocidade, força e potência.

Desenvolver a força e transferi-la é a principal característica dessa ferramenta, e como característica ímpar, ela desenvolve a força por meio de ondas geradas com a corda naval e aliadas à ação da gravidade.

A principal vantagem desse tipo de treino é que a sessão de exercícios se torna muito dinâmica e motivante, mas a prática exige orientação e supervisão do profissional de Educação Física, pois a execução errada pode gerar dores e, até mesmo, lesões. O treinamento com corda naval não é indicado para nenhuma pessoa que seja portadora de alguma doença, porque ainda não há experimentos que indiquem ou contraindiquem o treinamento para indivíduos cardíacos, diabéticos e com hipertensão arterial.

A ancoragem da corda é de extrema importância, pois o local escolhido deve suportar bem o peso da corda, bem como a força gerada com os movimentos. Pontos indicados para a ancoragem são: colunas, árvores e qualquer outro ponto que suporte a força gerada durante o treino.

4.3 Pegadas

Os dois tipos de pegada são a *neutra* e a *pronada*. A *pegada neutra* (Figura 4.1) é a mais comum, sendo utilizada em grande parte dos movimentos por gerar menor tensão na articulação do ombro. É muito usada nos movimentos aéreos, porque garante a ativação da musculatura e deixa o treinamento mais eficiente. Já a *pegada pronada* (Figura 4.2) é utilizada em movimentos nos quais os braços ficam abaixo do nível dos ombros, o que evita um maior estresse nessas articulações.

Figura 4.1 – Pegada neutra.

Figura 4.2 – Pegada pronada.

4.4 Postura

No treinamento com a corda naval, as duas principais posturas são de pé e de joelhos, cada uma com uma função específica. Na posição mais comum (de pé), o objetivo principal do treinamento é gerar força e potência no corpo como um todo, com movimentos dinâmicos e explosivos. Na postura de joelhos, os músculos dos membros inferiores são inibidos e, desse modo, gera-se um trabalho maior nos músculos do *core*. Os músculos dos membros inferiores serão acionados de forma isométrica para ajudar na estabilização do tronco durante o movimento ondulatório das cordas.

Para desenvolver melhor a estabilização, trabalhe na postura de joelhos e, para desenvolver força e potência, trabalhe na postura de pé.

Com relação à postura, há quatro segmentos corporais que precisam estar alinhados durante o treinamento com a corda naval. São eles: cabeça, ombros, coluna dorsal e coluna lombar. O treinamento com cordas navais gera uma força de transferência muito grande, que passa dos membros inferiores e vai para os membros superiores. Quando o movimento de bater corda é realizado da forma correta, o tronco absorve essa força que vem dos membros inferiores, permitindo, assim, um melhor movimento dos membros superiores durante o trabalho. Para uma correta absorção das forças geradas pelo treinamento de corda naval, o tronco deve estar em posição neutra.

Deixar o tronco em posição neutra significa que a cabeça deve estar alinhada com a coluna cervical, os ombros devem estar paralelos ao solo, a coluna dorsal, com uma leve curva, respeitando a curvatura fisiológica, e a coluna lombar deve estar alinhada à pelve, com uma pequena curvatura. O posicionamento adequado durante o treinamento com corda naval faz toda a diferença, pois vai ajudar a desenvolver força de forma segura e eficiente, sem estressar os músculos que atuam de forma secundária.

Figura 4.3 – Postura neutra.

4.5 Exercícios

4.5.1 Exercícios para estabilização

Figura 4.4A – Onda curta de pé dupla.

Figura 4.4B – Onda curta de pé alternada.

Figura 4.5 – Onda lateral curta de pé dupla.

Figura 4.6A – Onda curta de joelhos dupla.

Figura 4.6B – Onda curta de joelhos alternada.

Figura 4.7 – Onda grande de joelhos alternada.
Observação: neste exercício, você também pode fazer a onda dupla como uma variação do movimento.

Figura 4.8 – Onda lateral de joelhos dupla.

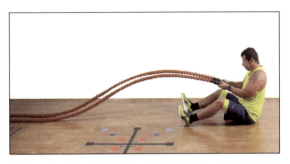

Figura 4.9A – Onda curta sentado dupla.

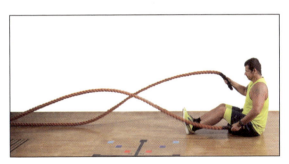

Figura 4.9B – Onda curta sentado alternada.

CORDA NAVAL 107

Figura 4.10 – *Twist* sentado.

4.5.2 Exercícios para força e potência

Figura 4.11A – Onda grande de pé dupla.

Figura 4.11B – Onda grande de pé alternada.

Figura 4.12 – Onda grande lateral de pé dupla.

Continua

112   HIIT: MANUAL PRÁTICO

Continuação

Figura 4.13 – *Twist*.

4.6 Prescrevendo o treino

No treinamento com a corda naval, é muito importante que os praticantes, alunos/atletas, façam os exercícios de estabilização com a corda antes de fazer os exercícios de força e potência, pois, quando não ocorre um alinhamento entre os músculos, a partir de um exercício de estabilização com a corda naval, o desequilíbrio muscular será eminente durante o treinamento, e as dores em músculos estabilizadores serão comuns, em razão da sobrecarga realizada no treino.

Outra característica é o não desenvolvimento da força quando tal erro metodológico ocorre, e, muitas vezes, os praticantes terceirizarão a culpa para a ferramenta, por não ter sido tão eficiente para a *performance*. Em contrapartida, com um treinamento devidamente orientado, o desenvolvimento se dá de forma bem rápida e direcionada, uma vez que um o treinamento com a corda naval traz resultados em um espaço de tempo relativamente curto.

Com quatro semanas de treinamento, já é possível perceber resultados significativos. Geralmente, os iniciantes começam com 2 ou 3 exercícios e 3 séries por exercício; os intermediários, com 3 exercícios e 3 a 4 séries por exercício; e os avançados, com 4 exercícios e 4 séries por exercício. A seguir, na Tabela 4.1, um descritivo de quantificação de cargas usadas para diferentes perfis de alunos no treinamento com a corda naval.

Tabela 4.1 – Quantificação de carga para diferentes perfis de alunos no treinamento com corda naval

Perfil	Tempo de estímulo (segundos)	Tempo de recuperação (segundos)	Característica (Proporção)
Iniciante	10	20	1:2
Intermediário	15	15	1:1
Avançado	20	10	1:1/2

4.6.1 Rotinas de estabilização

Numa sessão de treinamento com a corda naval, geralmente, são utilizados exercícios de estabilização, força e potência que, além de otimizarem essas capacidades físicas, também desenvolvem condicionamento aeróbio pelo tipo de estresse apresentado. Essa proposta é chamada de condicionamento metabólico e é indicada para aqueles praticantes que já têm pelo menos uma estabilização mínima para o trabalho de corda, pois, sem a capacidade de estabilizar o treinamento, ficarão totalmente prejudicados, o que vai levar a uma desmotivação e, possivelmente, a um abandono do treinamento.

A sugestão é que, para os iniciantes no treinamento com a corda naval, seja feita uma rotina de estabilização, que deve durar, no mínimo, 4 semanas e, no máximo, 8 semanas, para quem treina pelo menos 3 vezes na semana. A seguir, alguns exemplos de rotinas de treino de estabilização. Observe que, em cada exercício, os números da esquerda para a direita representam, respectivamente, o número de séries, o tempo de estímulo em segundos e o tempo de recuperação em segundos.

Rotina de estabilização para aluno/atleta iniciante

Onda curta alternada (de pé) – 3 × 10/ 20

Onda curta alternada (de joelhos) – 3 × 10/20

Twist (sentado) – 3 × 10/20

Rotina de estabilização para aluno/atleta intermediário

Onda curta dupla (de joelhos) – 3 × 15/15

Onda grande dupla (de joelhos) – 3 × 15/15

Twist (sentado) – 3 × 15/15

Rotina de estabilização para aluno/atleta avançado

Onda lateral dupla (de pé) – 4 × 20/20

Onda grande dupla (de joelhos) – 4 × 20/10

Twist (sentado) – 4 × 20/10

Onda curta dupla (sentado) – 4 × 20/10

Após as rotinas de estabilização, o aluno/atleta está pronto para os treinos metabólicos (*metcon*) e de força, nos quais há rotinas para o desenvolvimento da potência ou rotinas com um objetivo de um alto estresse metabólico para condicionamento e emagrecimento. Outra opção muito usada no meio *fitness* são as rotinas MIX que, em sua composição, apresentam exercícios com as três características (estabilização, potência, condicionamento metabólico).

4.6.2 Rotina força/potência

Aqui estão algumas séries de um treino para desenvolver força e potência:

Onda curta alternada dinâmica (de joelhos e de pé) – 4 × 20/10

Onda grande dupla (de pé) – 4 × 20/10

Twist (de pé) – 4 × 20/10

Onda curta dupla (sentado) – 4 × 20/10

4.6.3 Rotina metcon

A seguir, algumas séries para um treino metabólico:

Onda curta alternada dinâmica (de joelhos e de pé) – 4 × 30/15

Onda grande alternada dinâmica (de joelhos e de pé) – 4 × 30/15

Onda lateral grande dupla (de pé) – 4 × 30/15

Twist (de pé) – 4 × 30/15

REFERÊNCIAS

ADAMS, K. et al. The Effects of Six Weeks of Squat, Plyometrics and Squat Plyometric Training on Power Production. *Journal of Applied Sport Sciences Research*, v. 6, n. 1, p. 36-41, 1992.

ALBERT, M. *Treinamento excêntrico em esportes e reabilitação*. São Paulo: Manole, 2002.

BABRAJ, J. A. et al. Extremely Short Duration High Intensity Interval Training Substantially Improves Insulin Action in Young Healthy Males. *BMC Endocrine disorders*, v. 9, n. 1, p. 3, 2009.

BARTRAM, S. *High Intensity Interval Training for Women*: Burn More Fat in Less Time with HIIT Workouts You can do Anywhere. London: DK, 2015.

BOYLE, M. *Avanços no treinamento funcional*. Porto Alegre: Artmed, 2015.

BOGDANIS, G. C. et al. Recovery of Power Output and Muscle Metabolites Following 30 s of Maximal Sprint Cycling in Man. *The Journal of Physiology*, v. 482, n. 2, p. 467-80, 1995.

Bogdanis, G. C. et al. Contribution of Phosphocreatine and Aerobic Metabolism to Energy Supply During Repeated Sprint Exercise. *Journal of Applied Physiology*, v. 80, n. 3, p. 876-84, 1996.

_____. Power Output and muscle Metabolism During Recovery from 10 and 20 s of Maximal Sprint Exercise in Humans. *Acta Physiologica Scandinavica*, v. 163, n. 3, p. 261-71,1998.

Bunn, J. *Entrenamiento deportivo científico*. México: Editorial PAx-México, 1987.

Carnevali Jr., L. C. et al. *Exercício, emagrecimento e intensidade do treinamento*. São Paulo: Phorte, 2012.

Cotter, S. *Treinamento com kettlebell*. Porto Alegre: Artmed, 2015.

Dick, F. W. *Principios del entrenamiento deportivo*. Barcelona: Editorial Paidotribo, 1993.

Farley, C. T. Role of the Stretch-Shortening in Jumping. *Journal of Applied Biomechanics*, v. 3, n. 4, p. 436-9, 1997.

Franchini, E. *Fisiologia do exercício intermitente de alta intensidade*. São Paulo: Phorte, 2014.

Gaitanos, G. C. et al. Human Muscle Metabolism During Intermittent Maximal Exercise. *Journal of Applied Physiology*, v. 75, n. 2, p. 712-9, Aug. 1993.

Gibala, M. J; McGee, S. L. Metabolic Adaptations to Short-Term High Intensity Interval Training: A Little Pain For a Lot of Gain. *Exercise and Sport Science Review*, v. 36, n. 2, p. 58-63, Apr. 2008.

Gibala, M. J. et al. Brief Intense Interval Exercise Activates AMPK and p38 MAPK Signaling and Increase the Expression of PGC-1 Alpha in Human Skeletal Muscle. *Journal Applied of Physiology*, v. 106, n. 3, p. 929-34, Mar. 2009.

_____. Physiological Adaptations to Low-Volume, High-Intensity Interval Training in Health and Disease. *Journal of Physiology*, v. 590, n. 5, p. 1077-84, 1 Mar. 2012.

Gil, A.; Novaes, J. *Core & Training.* São Paulo: Ícone, 2014.

Hill, A. V. The Series Elastic Components of Muscle. *Proceedings of the Royal Society Biology*, v. 137, n. 887, p. 273-80, July 1950.

Kuznetsov, V. V. *Preparación de fuerzas en los deportistas de las categorías superiores.* Habana: Editorial Orbe, July 1981.

Kronbauer, G. A; Castro, F. A. S. Estruturas elásticas e fadiga muscular. *Revista Brasileira de Ciência e Esporte*, Porto Alegre, v. 35, n. 2, p. 503-20, abr./jun. 2013.

Lopes, C. R. et al. Efeito do intervalo entre sessões de exercício de força sobre o desempenho neuromuscular. *Revista Brasileira de Medicina do Esporte*, v. 20, n. 5, p. 402-5, 2014.

Machado, A. F. *HIIT: metodologia VO2PRO.* São Paulo: VO2PRO, 2015.

_____. *Bases metodológicas da preparação física.* São Paulo: Ícone, 2011.

_____. *Corrida:* manual prático do treinamento. São Paulo: Phorte, 2013.

Maglischo, E. W. *Nadando o mais rápido possível.* 3. ed. Barueri: Manole, 2010.

Manno, R. *Fundamentos del entrenamiento deportivo.* Barcelona: Editorial Paidotribo, 1994.

Noakes, T. D.; St. Clair Gibson, A.; Lambert, E. V. From catastrophe to complexity: a novel model of integrative central neural regulation of effort and fatigue during exercise in humans. *British Journal of Sports Medicine*, v. 38, n. 4, p. 511-4, 2004.

Pereira, C. A. *Treinamento de força funcional, desafiando o controle postural.* Jundiaí: Fontoura, 2009.

Pereira, B; Souza Junior, T. P. *Metabolismo celular e exercício físico: aspecto bioquímicos e nutricionais.* São Paulo: Phorte, 2007.

Platonov, V. N.; Bulatova, M. M. *La preparación física, deporte e entrenamiento.* Badalona: Paidotribo, 1998.

RASSIER, D. E. et al. Stretch-Induced, Steady-State Force Enhancement in Single Skeletal Muscle Fibers Exceeds the Isometric Force at Optimum Fiber Length. *Journal of Biomechanics*, v. 36, n. 9, p. 1309-16, 2003.

TABATA, I. et al. Effects of Moderate Intensity Endurance and High Intensity Intermittent Training on Anaerobic Capacity and VO_2max. *Medicine and Science in Sports and Exercise*, v. 28, n. 10, 1327-30, 1996.

TJØNNA, A. E. et al. Low and High Volume of Intensive Endurance Training Significantly Improves Maximal Oxygen Uptake after 10 Weeks of Training in Healthy men. *Plos One*, v. 8, n. 5, 2013.

UGRINOWITSC, C.; BARBANTI, V. J. O ciclo de alongamento e encurtamento e a "performance" no salto vertical. *Revista Paulista de Educação Física*, São Paulo, v. 12, n. 1, p. 85-94, jan./jun. 1998.

VERKHOSHANSKY, Y. V. Problemas atuais da metodologia do treino desportivo. *Revista Treinamento Desportivo*, v. 1, n. 1, p. 33-45, 1996.

_____. *Força*: treinamento da potência muscular – Método de choque. Londrina: CID, 1998.

WEINECK, J. *Treinamento ideal*. 9. ed. São Paulo: Manole, 1999.

ZAKHAROV, A. *Ciência do treinamento desportivo*. Rio de Janeiro: Palestra Sport, 1992.

ZATSIORSKY, V. M. *Ciência e prática do treinamento de força*. São Paulo: Phorte, 1999.

O AUTOR

Alexandre F. Machado, natural do Rio de Janeiro, é profissional de Educação Física graduado pela Universidade Federal Rural do Rio de Janeiro (UFRRJ), com pós-graduação em Fisiologia do Exercício e mestrado em Ciência da Motricidade Humana pela Universidade Castelo Branco (UCB). Atualmente, cursa o doutorado em Educação Física na Universidade São Judas Tadeu, em São Paulo.

Ministra palestras, cursos e treinamentos nas áreas de periodização, preparação física, HIIT e treinamento de corrida em todo o Brasil.

Entre suas obras, são 7 livros como autor, 1 livro como organizador e outros 2 livros como autor de capítulos. Entre os seus livros publicados estão: como autor, pela Ícone Editora, publicou os livros *Corrida: teoria e prática do treinamento* (2009), *Corrida: bases científicas do treinamento* (2011), *Bases metodológicas da preparação física* (2011), *Corrida para corredores: correndo de forma simples, segura e eficiente* (2014), *Corrida:*

a construção do atleta (2015); e pela Phorte Editora, *Corrida: manual prático do treinamento* (2013), *Corrida de rua: perguntas e respostas* (2014). Como organizador, pela Ícone Editora, o livro *Manual de avaliação física* (2010). Como coautor, pela Ícone Editora, em parceria com Andrigo Zaar e Victor F. Machado Reis, publicaram o livro *Corrida: a construção do atleta* (2015). Como autor de capítulo, pela Editora Shape, o livro *A prática da avaliação física* (2003), do autor José Fernandes Filho, no capítulo *Avaliação cardiorrespiratória*; pela Editora Atheneu, o livro *Métodos de análise e bioquímica em biodinâmica do exercício* (2014), dos autores João F. Brinkmann dos Santos e Cesar Cavinato C. Abad, no capítulo *A modelagem matemática*.

Foi docente do ensino superior de 2003 a 2011 (Unesa e Uniban), na cadeira de Treinamento Esportivo, e coordenador do laboratório de pesquisa em Fisiologia do Exercício de 2005 a 2007 (Lafiex – Unesa/ Petrópolis).

Foi consultor e preparador físico de atletas de elite no Brasil e conquistou, como preparador físico, o Tricampeonato Brasileiro de corrida de montanha (2008, 2009 e 2010) e o Bicampeonato paulista de corrida de montanha (2009 e 2010).

É idealizador e líder da metodologia VO2PRO de treinamento de corrida, hoje com mais de 50 mil corredores impactados em todo o Brasil.

Em 2012, ganhou o Prêmio de Profissional do Ano pela Federação Internacional de Educação Física.

Em 2013, ganhou a medalha Manoel Gomes Tubino pela Federação Internacional de Educação Física, por suas iniciativas na profissão e colaboração para o crescimento do profissional de Educação Física.

Em 2015, recebeu a medalha Professor Boaventura pela Delegacia Regional de São Paulo da Federação Internacional de Educação Física, por suas iniciativas na profissão.

Sobre o Livro
Formato: 16 × 23 cm
Mancha: 11 × 18 cm
Papel: Offset 90g
nº páginas: 124
1ª edição: 2016

Equipe de Realização
Assistência editorial
Liris Tribuzzi

Assessoria editorial
Maria Apparecida F. M. Bussolotti

Edição de texto
Gerson Silva (Supervisão de revisão)
Jonas Pinheiro (Preparação do original e copidesque)
Iolanda Dias e Fernanda Fonseca (Revisão)

Editoração eletrônica
Neili Dal Rovere (Projeto gráfico, capa e diagramação)

Impressão
Intergraf Indústria Gráfica